BEI GRIN MACHT SICH IHR
WISSEN BEZAHLT

- Wir veröffentlichen Ihre Hausarbeit,
  Bachelor- und Masterarbeit

- Ihr eigenes eBook und Buch -
  weltweit in allen wichtigen Shops

- Verdienen Sie an jedem Verkauf

Jetzt bei www.GRIN.com hochladen
und kostenlos publizieren

Bibliografische Information der Deutschen Nationalbibliothek:

Die Deutsche Bibliothek verzeichnet diese Publikation in der Deutschen National-bibliografie; detaillierte bibliografische Daten sind im Internet über http://dnb.d-nb.de/ abrufbar.

Impressum:

Copyright © 2008 GRIN Verlag, Open Publishing GmbH
Druck und Bindung: Books on Demand GmbH, Norderstedt Germany
ISBN: 9783640673452

Dieses Buch bei GRIN:

http://www.grin.com/de/e-book/154390/geschmaecker-lassen-sich-nicht-globalisieren

Eileen Wessel, Kendra Schmieder, Florian Rossa

"Geschmäcker lassen sich nicht globalisieren"

Eine Analyse der weltweit verschiedenen Vorlieben

GRIN Verlag

GRIN - Your knowledge has value

Der GRIN Verlag publiziert seit 1998 wissenschaftliche Arbeiten von Studenten, Hochschullehrern und anderen Akademikern als eBook und gedrucktes Buch. Die Verlagswebsite www.grin.com ist die ideale Plattform zur Veröffentlichung von Hausarbeiten, Abschlussarbeiten, wissenschaftlichen Aufsätzen, Dissertationen und Fachbüchern.

Besuchen Sie uns im Internet:

http://www.grin.com/

http://www.facebook.com/grincom

http://www.twitter.com/grin_com

Hochschule Bremen   Sommersemester 2008

Studiengang: ISGM 4

Modul: Internationales Marketing

<u>Internationales Marketing</u>

"Geschmäcker lassen sich nicht globalisieren"

Eine Analyse der weltweit verschiedenen Vorlieben

vorgelegt am 17.06.2008

von

Kendra Schmieder,

Florian Rossa

und

Eileen Wessel

1. Einleitung

Diese Ausarbeitung im Bereich internationales Marketing befasst sich mit der Analyse der weltweit verschiedenen Vorlieben und untermauert die von uns aufgestellte These, dass sich Geschmäcker nicht globalisieren lassen.

2. Assoziationsdatenbanken

Bei der Entwicklung einer globalen Marketingstrategie muss berücksichtigt werden, dass bestimmte Begriffe in verschiedenen Ländern unterschiedliche Reaktionen auslösen können. Eine regnerische Landschaft, die in Italien beispielsweise ein Gefühl der Frische hervorruft, würde beim Anblick in Irland hingegen ein unangenehmes Frösteln auslösen. [1]

Deshalb ist es notwendig in verschiedenen Ländern Kundenbefragungen durchzuführen und bestimmte Begriffe mit ihrer assoziativen Wirkung in Datenbanken zu speichern, um diese kulturellen Wirkungsunterschiede gezielt für die Entwicklung von globalen Werbestrategien nutzen zu können.[2]

3. Die weltweit verschiedenen Vorlieben

3.1 Russland

Russland ist mit über 100 Nationalitäten das Land mit den meisten ethnischen Gruppen der Welt. Deshalb liegt Russland nicht nur geografisch sondern auch kulturell auf der Grenze zwischen Asien und Europa.[3]

Mit 150 Millionen Einwohnern ist Russland der bedeutendste Markt Osteropas. Das Potenzial liegt in den ungesättigten Märkten, der wachsenden Kaufkraft und der steigender Konjunktur.[4]
Jedoch besteht für die große Mehrheit der Konsumenten die Notwendigkeit der Basis-Versorgung mit Lebensmitteln, Haushaltswaren und Kleidung im Vordergrund.[5]

[1] http://www.fask.uni-mainz.de/user/rapp/papers/disshtml/main/node46.html
[2] http://assoziationsdatenbank.net/assoziator_abfrage.php?suchwort=geiz
[3] http://www.russland-forum.de/html/marketing__vertrieb.html
[4] http://www.marloc-media.de/russland.htm
[5] www.rheingold-online.de/rheingold-online/upload/Newsletter/2-04.pdf

Noch bestehen keine Reserven für zusätzliche Wunscherfüllungen oder westliche Produkte. Im Focus der Konsumenten liegt alt Bewährtes, preiswerte und heimische Ware.[6]

Deshalb besteht auch kein ausgeprägtes Marken-Bewusstsein. Die Marken haben keinen Bilderwert. Eine Marke der Basis-Versorgung in Russland steht nur für sehr wenige Basis-Qualitäten oder Eigenschaften.

Parallel gibt es die Minderheit der Superreichen, die Luxusgüter aller Art konsumieren. Der Status und das Image der westlichen Luxusgüter werden relativ kritiklos und monothematisch übernommen. Das westliche Image einer Marke wird dabei übernommen, solange es nicht um Understatement geht.[7]

Das westliche Image wird genutzt um sich von der normalen Bevölkerung abzusetzen. Die Kaufentscheidung wird nicht nach Marken-Image getroffen, sonder nach dem Motto „ Das Teuerste ist das Beste".

Im Focus der Marketingabteilungen steht deshalb, durch die Produktkommunikation objektive Vorteile erkennbar zu machen. Für die Luxusartikel gilt: die Status und Image Eigenschaften hervor zu heben.[8]

3.2 Polen

Die Werbebranche entwickelte sich erst seit Anfang der 90er Jahre intensiv. Erst nach der Öffnung des Eisernen Vorhangs, dem Anfang der freien Marktwirtschaft, hat man die Bedeutung der Werbung entdeckt.[9]

Während der Planwirtschaft, im fast 50 Jahre andauernden Sozialismus, wurde die Werbung nur zu einem Ziel genutzt. Die Werbung sollte die Fehler im Zentralplan verdecken und Mängel an bestimmten Produkten des primären Bedarfs, wie Lebensmitteln vertuschen. Wenn z.B. im Fernsehen für Fisch und Käse geworben wurde, bedeutete dieses, dass bald Fleisch knapp werden würde.[10]

Die überzogene realitätsferne Werbung aus den USA oder aus dem Westen wurde als Traumwelt oder Fiktion empfunden. Deshalb hatte die polnische Bevölkerung während der Anfangsphase eine negative Einstellung zur Werbung.

---

[6] www.rheingold-online.de/rheingold-online/upload/Newsletter/2-04.pdf
[7] http://209.85.135.104/search?q=cache:NYkMExx_eUQJ:www.rheingold-online.de/rheingold-online/upload/Newsletter/2-04.pdf+rheingold+vereint+in+vielfalt&hl=de&ct=clnk&cd=1&gl=de&client=firefox-a
[8] www.rheingold-online.de/rheingold-online/upload/Newsletter/2-04.pdf
[9] http://viadrina.euv-frankfurt-o.de/~sk/SS00/ik_werbung/polen.html
[10] http://viadrina.euv-frankfurt-o.de/~sk/SS00/ik_werbung/polen.html

Heutzutage sieht die Welt ganz anders aus. Polen möchte westlicher sein als der Westen! Dies wird vor allem in der großen Auswahl moderner westlicher Geschäften und Shopping Malls deutlich.[11]

Vor allem die weibliche Bevölkerung legt sehr viel Wert auf ihr elegantes und modisches Äußeres. Marken spielen eine sehr große Rolle. Das Markenimage signalisiert wie weit man sich schon der Zeit angepasst hat.

3.3 Frankreich

Durch die steigende Unsicherheit, stagnierendes Wirtschaftswachstum und Arbeitslosigkeit, suchen die Franzosen die Rückbesinnung auf das „Einfache Leben".[12]

Nach Jahren des Wohlstandes ist die französische Gesellschaft einen hohen Lebensstandard gewohnt und fürchtet nun sich diesen bald nicht mehr leisten zu können. Es werden bevorzugt französische Produkte gekauft, die Tradition des einfachen Lebens, wie es früher auf dem Land war, wird glorifiziert.

Im Marketing sind einfache Botschaften und Marken die mit wenig Schnickschnack auskommen gefragt. Angesagt ist: Simplicité, Naturalité und Transparencité.

Alles Nicht-Französische ist den Franzosen zurzeit suspekt. Der ausländische Anbieter sollte deshalb die französischen Bedürfnisse und Vorlieben ernst nehmen.[13]

3.4 Deutschland

Durch eine Umwelt in der die Dinge immer schneller, komplexer und unübersichtlicher werden, sind auch die deutschen Konsumenten verunsichert. Der Aufstieg und Fall der New Economy, die Einführung des Euros, der 11. September, der steigende Ölpreis, die Rentendiskussion, die Arbeitslosigkeit und die anhaltende Rezession sorgen für Verunsicherung in der Bevölkerung. [14]

Es wird sich eine Reduktion zu übersichtlichen und einfachen Strukturen gewünscht. Sowie das einfache Argument des Preises. Seit Jahren herrscht der Boom der Discounter und die „Geiz ist Geil" Welle. Dabei handelt es sich um eine Reduktion der Diversifikation und Komplexität. Produkte werden außerdem nicht nach Bedarf gekauft, sondern wenn diese im Angebot oder in der Werbung sind. Den Billiganbietern kommt der Wunsch nach

---

[11] www.rheingold-online.de/rheingold-online/upload/Newsletter/2-04.pdf
[12] www.rheingold-online.de/rheingold-online/upload/Newsletter/2-04.pdf
[13] http://74.125.39.104/search?q=cache:NYkMExx_eUQJ:www.rheingold-online/upload/Newsletter/2-04.pdf+rhein+gold+europa+vielfalt&hl=de&ct=clnk&cd=1&gl=de&client=firefox-a
[14] http://www.marketing-und-vertrieb-international.com/

Stabilität und Transparenz sehr gelegen. Allerdings lassen sich in Deutschland auch schon die Anfänge eines Gegentrends beobachten. [15]

Es geht zurück zur altbewährten Marke. Nach Jahren der „Geiz Geilheit" kehren manche Kunden zur Marke mit Image, Qualität und Tradition zurück. Allerdings ist es auch für ein Markenprodukt wichtig das die Kernkompetenzen klar zum Ausdruck kommen. Das Sortiment sollte überschaubar sein und den Konsumenten nicht mit unendlichen Line-Extensions verwirren. [16]

In Deutschland haben die Marketingabteilungen derzeit die Wahl, entweder sie entscheidet sich für den Discount und reitet auf der „Geiz ist Geil" Welle. Oder sie entscheiden sich für die Marke mit Ruf und Image.

Für alle Märkte gilt: Das psychische Befinden der Konsumenten hängt nicht nur von der gegenwärtigen ökonomischen Situation ab, sondern zum Grossteil von der relativen Situation, im Bezug auf die Vergangenheit oder die Zukunft. [17]
Dieser Bezug ist ausschlaggebend dafür, ob eine zuversichtliche oder eine skeptische Stimmung bei den Konsumenten herrscht. Deshalb ist es auch so wichtig den europäischen Markt nicht als homogen zu betrachten. Jeder Markt muss im Einzelnen Analysiert werden, um ihre spezielle, individuelle Logik zu entschlüsseln. [18]

4. Der Anpassungsprozess bei Rolf Benz

Die im Schwarzwald ansässige Möbelmarke Rolf Benz führt seit 2 Jahren das Sofa EGO, das sich den verschiedenen Vorlieben der Kunden anpasst. Man kann aus 3 verschiedenen Grundtypen eine Basis wählen und hat eine Auswahl von 8 Armlehen, 3 Rückenhöhen, 5 Sitzbreiten, 3 Sitzhöhen und –tiefen, sowie 3 unterschiedliche Polsterungen. [19]

Hierbei ist zu erkennen, dass die Deutschen beispielsweise am liebsten hart sitzen, und eine Sitzhöhe zu einem Mittelmaß von 42 cm bevorzugen. Die Holländer mögen es

---

[15] http://www.rheingold-online.de/rheingold-online/upload/Newsletter/2-04.pdf.
[16] http://74.125.39.104/search?q=cache:NYkMExx_eUQJ:www.rheingold-online.de/rheingold-online/upload/Newsletter/2-04.pdf+rhein+gold+europa+vielfalt&hl=de&ct=clnk&cd=1&gl=de&client=firefox-a
[17] http://www.internationales-marketingkonzept.de/laenderinformation/europa/laender-und-marktinformationen-frankreich.htm
[18] http://74.125.39.104/search?q=cache:NYkMExx_eUQJ:www.rheingold-online.de/rheingold-online/upload/Newsletter/2-04.pdf+rhein+gold+europa+vielfalt&hl=de&ct=clnk&cd=1&gl=de&client=firefox-a
[19] http://www.moecking.de/ego.htm

hingegen lieber etwas höher mit 44 cm, was sich anhand der Körpergröße erklären lassen könnte, da sie im Durchschnitt im europäischen Vergleich am größten sind.

Die im Durchschnitt eher kleinen Italiener sitzen dem Boden mit 38 cm gerne am nächsten. Außerdem lieben sie es sehr weich zu sitzen und mögen das verspielte Design. Die Deutschen wiederum wollen ausgeklügelte Mechanik und legen großen Wert auf Funktionalität, wie beispielsweise eine ausklappbare Armlehne.[20]

5. Der Anpassungsprozess bei Fossil

Die amerikanische Marke Fossil vertreibt in über 25 Ländern der Welt Echt- und Modeschmuck. Ihre Philosophie lautet: Angebot der Produkte zu einem guten Preis-Leistungsverhältnis, sowie die Darstellung der Wertigkeit im Look.

Fossil hat ebenso eine Grundkollektion, die auf die verschiedenen Länder abgestimmt wird.[21]

Bei der Auswahl des Schmuckes zeigt sich der Deutsche, genau wie bei den Sofas, eher nüchtern. Ebenso wie die Deutschen lieben die Briten das Understatement. Sie bevorzugen den traditionell diskreten Silberschmuck. Das höchste der Gefühle ist bei ihnen ein Zirkonia.

In den Ländern wie Spanien und Italien hingegen muss der Schmuck durch eine spielerische Gestaltung, Naturmaterialien (Perlmutt, Leder, Holz, Achatsteine) oder mit 18 Karat gold auffallen. Auch die Amerikaner tragen bevorzugt Goldschmuck, da ihrer Meinung nach Silberschmuck als Minderwertig gilt.[22]

Ein wirklich Rätselhaftes Volk sind die Franzosen. Im Gegensatz zu Ihrer überaus mutigen Mode setzen sie bei Schmuck mehr auf die traditionelle Variante. Bei der Annahme, die Franzosen seien auch in anderen Produktbereichen so offen wie im Modebereich, haben sich schon einige Unternehmen das Genick gebrochen.[23]

---

[20] http://www.sietar-europa.org/about_us/Newsletter/Dec04/articles.htm
[21] http://www.fossil.de/webapp/wcs/stores/servlet/StaticView?langId=3&storeId=12053&catalogId=10053&page=contactus&nav=custCareNav
[22] http://www.pressewoche.de/ro-wirtschaft.article/101916.html
[23] http://www.sietar-europa.org/about_us/Newsletter/Dec04/articles.htm

6. Die internationalen Geschmäcker in Bezug auf Mode

6.1 Australien

Geschmäcker sind oft vollkommen verschieden, so auch in der Mode. Die verschiedenen Geschmäcker der Mode entstehen in Abhängig von der Umgebung in der man lebt, dem Freundeskreis in dem man sich aufhält, sowie zum großen Teil durch die Medien. Ein tolles Beispiel für dieses Medienbewusstsein ist Australien.

Den meisten ist Australien nicht unbedingt bekannt für seine tolle, extravagante Modeszene, sondern eher für Flip Flops und Shorts. Diese eher lässige Kombination macht den Style der Straße recht einheitlich. Bei Temperaturen von weit über dreißig Grad, ist es jedoch kein Wunder, das die Australier eher das Praktische bevorzugen.

Doch fast jeder der sich tagsüber in Badelatschen und ausgeblichenem Surfer Outfit auf die Straßen wagt, wird nachts nicht mehr wiedererkannt. Gerade in den größeren Städten, vor allem in Sydney, gehören scharfe „Oskar-taugliche" Kleider, sexy Handtaschen und High-Heels in jeden vernünftigen Kleiderschrank. Die Männer tragen Anzug oder Hemd, Jeans und schicke Schuhe. Wenn es um das passende Outfit für das abendliche Vergnügen geht, sind die Australier sehr wählerisch. „Made in Australia" gilt nicht nur als Qualitätsmarke für Lebensmittel, auch bei der Kleidung werden die einheimischen Designer bevorzugt.[24]

Dieser werden in lokalen Modemagazine, Zeitungen und im Fernsehen hoch angepriesen. Wer in Australien nicht das trägt was die Medien publizieren, gilt als „out" und findet schwer Anschluss im Nachtleben. Wer jedoch mit ausgeblichenen Jeans und lockerem Sommerhemd mit den ersten Sonnenstrahlen die Straße betritt, ist wieder voll im Trend. So unterschiedlich kann Tag und Nacht sein. Abends ein Outsider, Tagsüber voll im Trend.

6.2 Asien

Die Asia Mode ist für europäische Kulturen etwas ganz fremdes und neues, sie unterliegt andere Schönheitsidealen und Schnitten, als etwa in Amerika oder Europa.
Asiatische Menschen sind von der Körperstruktur viel zarter und haben andere Kopfformen und Ausdrücke im Gesicht, durch ihre andersartigen Augen. Designer, die

---

[24] http://www.infobahnaustralia.com.au/shopping/mode.htm

den asiatischen Markt erklimmen wollen, sowie ihre Marketingabteilungen müssen sich auf diese ganz andere Kultur einlassen, um sie zu erreichen.

Die Muster der Asia Mode sind lebensbejahender und auffallender, als z.B. in Europa. Zudem beziehen die Asiaten immer wieder Bilder von Tieren und Landschaften mit in ihre Kleidung mit ein.[25] Dieses wird in vielen westlichen Ländern nur bei Kindermode gemacht. Die Asiaten sind ganz vernarrt in solche Kleidung.

Auch in den asiatischen Medien ist vieles sehr verspielt. Internetseiten sind fast ausnahmslos mit Spielen versehen, Werbungen sind bunt gestaltet und Werbespots wie Fantasiewelten aufgebaut. Diese Kultur liebt das verrückte, bunte, träumerische, was die Medien immer mehr verstärken.

Jedoch sieht man auch in der Kleidung eine tief verwurzelte Kultur mit alten Traditionen und vielen Geschichten. Die Farbkombinationen sind sehr auffällig und häufig mit einem zu hohen Goldanteil, als man es aus europäischen Ländern und Kulturen gewohnt ist.

6.3 Afrika

Man kennt die Afrikanische Mode aus Afrika-Bericht, die im Fernsehen gezeigt werden, oder durch afrikanische Freunde oder Mitbürger. Vielleicht war man sogar schon einmal dort. Was einem sofort auffällt und im Kopf bleibt, die Mode ist sehr außergewöhnlich. Die Stoffe sind sehr bunten, auffallenden und wild gemustert.

Für die afrikanische Mode gilt, was auch für die Mode auf der ganzen Welt gilt, sie war schon immer das Terrain, auf dem fremdes kopiert und recycelt wurde. Gerade afrikanische Modeschöpfer hatten und haben sehr viel Geschick darin, verschiedenste Materialien, Formen, sowie Techniken der islamischen wie europäischen Kultur sich anzueignen und neu zu erfinden.

Ein gutes Beispiel hierfür sind die bis heute in ganz Westafrika verbreiteten Kleiderstile. Hier trägt die Mehrheit aller Frauen sehr aufwendig geschneiderte Kleider aus Baumwollstoffen. Im Unterschied zu Ostafrika, wo Synthetikkleidung aus Asien oder Kleidung aus europäischen Altkleidersammlungen viel verbreiteter sind, gab und gibt es in Westafrika eine vielfältige lokale Modeszene. Dort entstanden auch die bis heute besonders beliebten und deshalb immer wieder variierten Schnitte "Ndockette" , das ist ein langer Rock und ein tailliertes Oberteil und "Taille Basse", das typisch afrikanische

---

[25] http://www.asian-industry.eu/asia_mode/

Kleid mit tiefem Dekolleté, das oft mit Rüschen oder anderen Applikationen versehen wird, gebauschten Ärmeln hat und sehr ausladenden Stoffdrapierungen um die Hüfte. Dieses Modell ist auch deshalb sehr verbreitet, weil „Taille Basse" in dem heißen Klima nichts einengt und die Frauen bequem auf dem Mofa sitzen können, einem sehr wichtigen Fortbewegungsmittel in allen Städten.[26]

Das diese Schnitte in enger Anlehnung an die Kleider entstanden, die von den Frauen der Kolonialherrscher nach Afrika gebracht wurde, ändert nichts daran, dass sie heute als die traditionelle westafrikanische Kleidung angesehen wird.

Die Tatsache, dass im Verlauf der Kolonialisierung die Missionare als erstes dafür sorgten, dass ihre künftigen Untertanen europäische Kleidung anlegten, unterstreicht die kulturelle Bedeutung von Kleidung und ist zugleich Beleg für die Dominanz des westlichen Modediskurses.

7. Misserfolge durch Missachtung der globalen Unterschiede

Anerkennung der Internationalen Geschmackspräferenzen erfolgt meist erst dann, wenn die Unternehmen schlechte Erfahrungen in diesem Bereich gemacht haben.
Ein gutes Beispiel ist dafür die Prophezeiung des amerikanischen Harvard- Business- School- Professor Theodor Levitt: Die Bedürfnisse der Menschen würden durch wachsende Kommunikation, Reiseverkehr, ähnliche Bildungssysteme und technische Standards in allen Ländern zunehmend ähnlicher werden. Ebenso würden Menschen zugunsten eines niedrigen Preises auf national angepasste Produkte verzichten und eine „globale Marktunifizierung" eintreten.[27]

Die von dieser Theorie begeisterten amerikanischen Unternehmer, scheiterten bei der praktischen Ausführung kläglich. Es war für sie unmöglich, die für den US Markt konzipierten Produkte, nach Asien oder Europa zu verkaufen.

Selbst bei Marken wie Coca Cola oder Mc Donalds, die den Schein einer Standardisierung vorgeben, findet eine Länderspezifische Anpassung statt.
Mc Donalds bietet beispielsweise auf dem Mexikanischen Markt Chilisoße statt Ketchup an und Coca Cola light schmeckt in jedem Land unterschiedlich.[28]

---

[26] http://www.culture-and-development.info/project/afrikamode.htm
[27] http://www.hbs.edu/news/releases/062906_levittobit.html
[28] http://www.coca-cola-gmbh.de/kontakt/faq.do?id=2001&forward=produktsortiment

Ebenso bei den Schnitten der Jeans sind die kulturellen Unterschiede gewaltig. Japaner sind beispielsweise modisch sehr weit voraus und haben einen extrem hohen modischen Anspruch. Man würde scheitern, würde man diese Jeans auch in Europa anbieten, da sie den Deutschen ca. 12- 18 Monate in der Mode voraus sind.

Italiener lieben beispielsweise die Edeljeans bei denen es ruhig auch etwas Farbe sein darf, während die Schweden hingegen auf die von der Rockmusik inspirierten authentischen Jeansschnitte stehen. In London ist immer noch der Street Look vorherrschend.

Deshalb setzten große Firmen jetzt auf die Devise „ global heart but local look". Denn die Kundschaft findet nur dann an den Produkten gefallen, wenn sie auf ihre Nation / Region abgestimmt sind. Die Ästhetik ist ihnen somit vertraut und löst bei ihnen bei der Kaufentscheidung ein sicheres Gefühl aus.

Die Firma Hallmark missachtete vor einigen Jahren dieses Gebot, was ihnen teuer zu stehen kam. Sie wollten Glückwunschkarten mit schmalzigen Texten in Frankreich an den Mann bringen. Jedoch stellte sich heraus, dass die Franzosen ihre Karten lieber selber beschriften, somit verbrachten sie ihr Dasein als Ladenhüter.[29]

Auch das Unternehmen Rolf Benz hatte sich vor einigen Jahren einen großen Fehler hinsichtlich der Missachtung der unterschiedlichen Geschmäcker geleistet. Die voluminösen verschwenderischen Kurven schienen durch den Erfolg vom VW- Beatle und Dem Audi TT sehr angesagt zu sein. Daraufhin produzierte Rolf Benz ein Sofa mit ebenso geschwungenen Organischen Formen. Ein Flop in Deutschland wie sich herausstellte. Das Sofa war für die Deutschen einfach zu groß, unfunktional, zu verspielt- einfach zu übertrieben.

Zum Glück waren da noch die Neureichen Russen. Sie rissen ihnen das Sofa sozusagen aus den Händen. Denn sie wiederum mögen es mächtig, schwer und groß.[30]

8. Anpassung der Medien

Ideal für Marketingexperten ist es, die von ihnen betreuten Produkte, Dienstleistungen oder Unternehmen mit einer möglichst global ausgerichteten Kampagne zu bewerben und

---

[29]www.cor.de/_press/download.php?filename=Nachwuchspreis2006_COR.pdf
[30] http://www.sietar-europa.org/about_us/Newsletter/Dec04/articles.htm

somit ein "Global Brand" zu kreieren, der weltweit konsumiert wird und auch in allen Ländern identifizierbar ist.[31]

Renommierte Marken wie Coca Cola oder Mc Donald haben dieses weitgehend geschafft. Wenn man z.B. die Webseiten der Coca Cola Company weltweit vergleicht, findet man auf allen Seiten die Selben Marketingstrategien. Die Farbe rot, der weiße Schriftzug, sowie in allen Ländern die Assoziation mit Sport und Fun-Spielen.

Natürlich sind die Seite nicht völlig identisch, auch die „Global Brands" müssen sich teilweise noch auch die individuellen Geschmäcker der unterschiedlichen Länder, in denen die Marke angeboten wird, einstellen. Sie sollten die Seiten dementsprechend gestalten und auf die Wünsche der Kulturen eingehen.

Die Coca Cola Webseite der Japaner ist mit mehr Spielmöglichkeiten gestaltet, als andere Seiten. Alles ist viel bunter und fantasievoller gestaltet und spiegelt somit die Lebensfrohe, Spielbegeisterte Japanische Gesellschaft wieder.

Die Medien müssen sich im Bezug auf internationale Geschmäcker hohen Herausforderungen stellen und diese durch Erfahrung, Forschung und Umfragen versuchen gezielt zu treffen. Ansonsten ist es nicht möglich eine weltweite Werbekampange zu starten und die Firmen müssen eine individuelle Kampagne für jedes Land einzeln gestalten, was mehr Aufwand und Kosten verursachen würde.

9. Thesen über Internationale Identität

Die Thesen des holländischen Werteforschers Geert Hofstedte sind besonders aufschlussreich für das Verständnis kultureller Unterschiede. Er bezieht seine These auf weltweite Befragungen, die Aufschluss über das Verhalten der verschiedenen Kulturen geben soll.

Hofstedes Werteraster zeigt besonders bei den Deutschen, dass die Gründlichkeit sehr ausgeprägt ist. Wenn ein Deutscher ein Sofa kauft, überlegt er vorher sehr lange, bevor er tatsächlich zu einer Kaufentscheidung kommt.

Für den Modeexperten Roetzel ist die Schlichtheit der Deutschen ein Zeichen mangelnder Eleganz, und die schiebt er auf den Hang zu Innerlichkeit und die Ablehnung von Oberflächlichkeit.

---

[31] http://viadrina.euv-ffo.de/~sk/SS00/ik_werbung/global.html

Auch die Modemacherin Gronbach hat eine These über die nationale Geschmacks-identität: „An der Frage 'Was ist Deutsch?´ kann man das sehr schön sehen. Die Franzosen, die Italiener alle geben schnelle eine Antwort auf diese Frage, nur der Deutsche grübelt noch weiter. Wegen unseres Urzweifels reduzieren wir Deutschen lieber alles aufs Wesentliche."[32]

Für den internationalen Werbeforscher Thomas Dmoch ist es höchst spekulativ, ob Vorlieben tatsächlich etwas über die mentale Verfassung der jeweiligen Nation aussagen. Thomas Dmoch berät große Automobilhersteller, wie VW, Jaguar oder zuletzt Skoda beim Marketing. Er analysiert für die Firmen, das Image der einzelnen Produkte in verschiedenen Ländern.

Er ist zu dem Entschluss gekommen, dass auch die Werbung, Slogans oder Bilder einer Marke den nationalen Geschmack treffen müssen. Deutsche, Spanier und Amerikaner kaufen einen VW nicht nur in völlig verschiedenen Ausstattungen, sondern in jedem dieser Länder hat der Name VW auch eine andere Bedeutung. In Deutschland ist der VW Käfer ein Symbol des Wirtschaftwunders, die Marke steht seitdem für Robustheit und Langlebigkeit. Hingegen in der USA entwickelte sich die Marke, durch den VW Käfer in der 60er Jahren, zum Inbegriff für studentische Rebellion und „Flower Power" der Woosdstock Gernaeration.[33]

Für Dmoch hängen die nationalen Vorlieben daher mit kulturgeprägten Erfahrungen und mit dem Wertesystem der Nation zusammen. Er ist der Überzeugung, dass ein kulturfreies Produkt reine Fiktion ist.

10. Fazit

Ein kulturfreies Produkt ist reine Fiktion. So kann IKEA in Asien keine riesigen und hohen Küchentische vermarkten, wenn in Asien nur kleine und diese auch nur von geringer Höhe benötigt werden. Es ist wichtig, dass man ein Produkt für jedes Land, anders, individuell gestaltet und auch die Werbung auf das jeweilige Land abstimmt. Die Werbung muss ebenso den Geschmack und auch die Kultur des jeweiligen Landes widerspiegeln.
Geschmäcker lassen sich eben nicht globalisieren, da nicht nur jedes Land sondern jeder Kunde seine ganz individuellen Produktbedürfnisse und Wünsche hat. Es ist somit immer nur möglich einen bestimmten Bereich an Kunden mit seinem Produkt zu erreichen.

---

[32]Zitat aus der Zeitschrift: Der Spiegel 12/04
[33] http://www.sietar-europa.org/about_us/Newsletter/Dec04/articles.htm

B Auflistung der Arbeitsverteilung

Gliederungspunkte	Bearbeiter
1. Einleitung	Gruppe
2. Assoziationsdatenbanken	Eileen Wessel
3. Die weltweit verschiedenen Vorlieben 3.1 Russland 3.2 Polen 3.3 Frankreich 3.4 Deutschland	Florian Rossa
4. Der Anpassungsprozess bei Rolf Benz	Eileen Wessel
5. Der Anpassungsprozess bei Fossil	Eileen Wessel
6.Die internationalen Geschmäcker in Bezug auf Mode	Kendra Schmieder
7. Misserfolge durch Missachtung der globalen Unterschiede	Eileen Wessel
8. Anpassung der Medien	Kendra Schmieder
9. Thesen über Internationale Identität	Kendra Schmieder
10. Fazit	Gruppe

C Literaturverweise

Kulturelle und sprachliche Unterschiede internationaler Werbung - Eine Untersuchung der Adaptionsproblematik von Anzeigen (Pappband) von Nadine Dönike; Diplomica Verlag; erschienen im Januar 2005

Zeitschrift: Der Spiegel 12/04

D Netzquellen

http://www.fask.uni-mainz.de/user/rapp/papers/disshtml/main/node46.html

http://assoziationsdatenbank.net/assoziator_abfrage.php?suchwort=geiz

http://www.moecking.de/ego.htm

http://www.sietar-europa.org/about_us/Newsletter/Dec04/articles.htm

http://www.fossil.de/webapp/wcs/stores/servlet/StaticView?langId=3&storeId=12053&catalogId=10053&page=contactus&nav=custCareNav

http://www.pressewoche.de/ro-wirtschaft.article/101916.html

http://www.cocacolagmbh.de/kontakt/faq.do?id=2001&forward=produktsortiment

http://www.hbs.edu/news/releases/062906_levittobit.html

www.cor.de/_press/download.php?filename=Nachwuchspreis2006_COR.pdf

http://www.russland-forum.de/html/marketing___vertrieb.html

http://www.marloc-media.de/russland.htm

www.rheingold-online.de/rheingold-online/upload/Newsletter/2-04.pdf

http://www.marketing-und-vertrieb-international.com/

http://www.asian-industry.eu/asia_mode/

http://www.culture-and-development.info/project/afrikamode.htm

http://www.infobahnaustralia.com.au/shopping/mode.htm

http://www.moecking.de/ego.htm

http://viadrina.euv-frankfurt-o.de/~sk/SS00/ik_werbung/polen.html